Impressum
Verlag: BABADADA GmbH, Nedderfeld 112 , 22529 Hamburg
Geschäftsführer / Verlagsleitung: Harald Hof
Druck: Books on Demand GmbH, In de Tarpen 42, 22848 Norderstedt

Imprint
Publisher: BABADADA GmbH, Nedderfeld 112 , 22529 Hamburg, Germany
Managing Director / Publishing direction: Harald Hof
Print: Books on Demand GmbH, In de Tarpen 42, 22848 Norderstedt

1

skóli
l'école

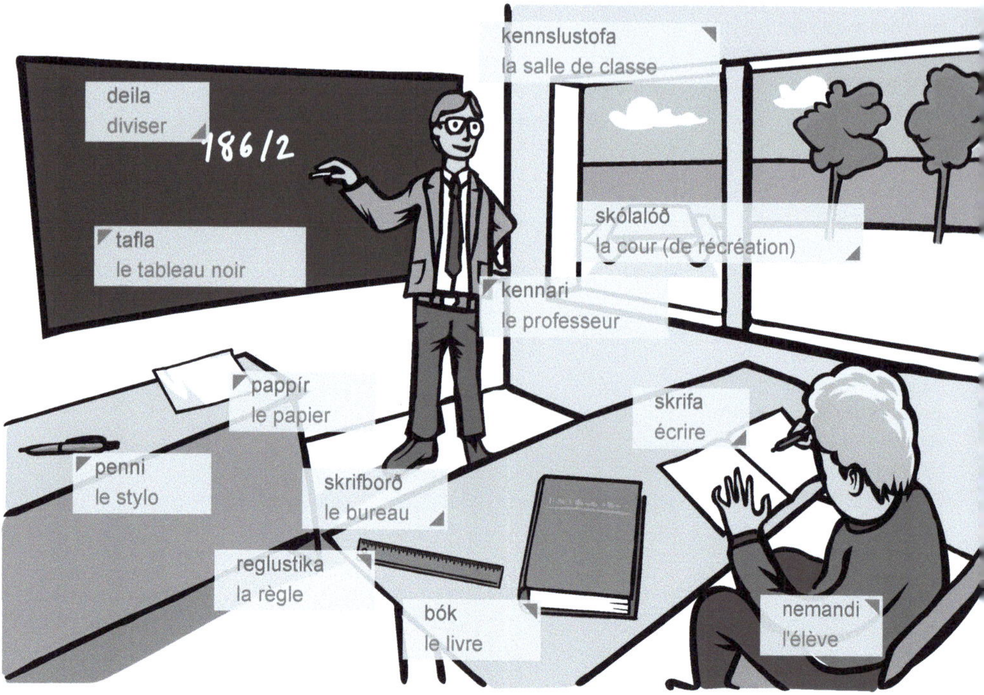
kennslustofa
la salle de classe
deila
diviser
186/2
tafla
le tableau noir
skólalóð
la cour (de récréation)
kennari
le professeur
pappír
le papier
skrifa
écrire
penni
le stylo
skrifborð
le bureau
reglustika
la règle
bók
le livre
nemandi
l'élève

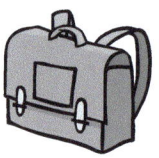

skólataska
....
le cartable

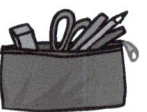

pennaveski
....
la trousse

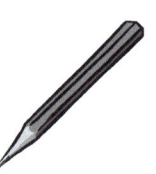

blýantur
....
le crayon

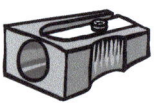

yddari
....
le taille-crayon

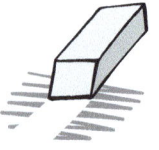

strokleður
....
la gomme

teikniblað
....
le carnet à dessin

teikning

le dessin

pensill

le pinceau

litakassi

la boîte de peinture

skæri

les ciseaux

lím

la colle

æfingabók

le cahier d'exercices

heimavinna

les devoirs

númer

le chiffre

2+2

leggja saman

additionner

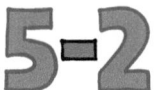

draga frá

soustraire

margfalda

multiplier

reikna

calculer

bréf

la lettre

stafróf

l'alphabet

orð

le mot

texti

le texte

lesa

lire

krít

la craie

kennslustund

la leçon

kladdi

le livre de classe

próf

l'examen

vottorð

le certificat

skólabúningur

l'uniforme scolaire

menntun

la formation

alfræðirit

le lexique

háskóli

l'université

smásjá

le microscope

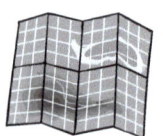

kort

la carte

ruslakarfa

la corbeille à papier

ferðalög
le voyage

hótel
l'hôtel
Grand
farfuglaheimili
l'auberge
ROOMS
gjaldeyrisskipti
le bureau de change
EXCHANGE
ferðataska
la valise
bíll
la voiture

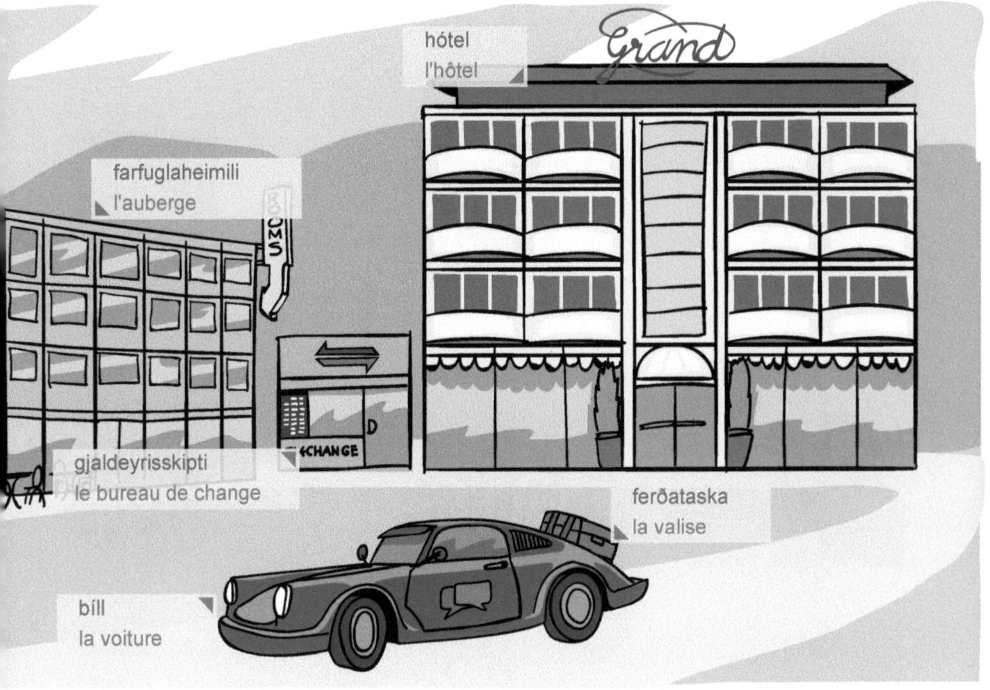

tungumál

la langue

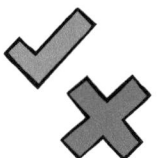

já / nei

oui / non

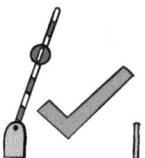

allt í lagi

d'accord

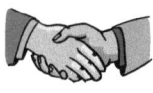

halló

Salut

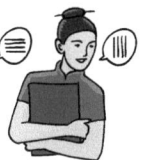

þýðandi

l'interprète

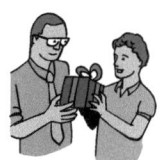

takk fyrir

merci

hvað kostar…?

Combien coûte…?

Ég skil ekki

Je ne comprends pas

vandamál

le problème

Gott kvöld!

Bonsoir !

Góðan dag!

Bonjour !

Góða nótt!

Bonne nuit !

bless bless

Au revoir

átt

la direction

farangur

les bagages

taska

le sac

bakpoki

le sac-à-dos

gestur

l'hôte

herbergi

la pièce

svefnpoki

le sac de couchage

tjald

la tente

upplýsingamiðstöð

l'office de tourisme

strönd

la plage

kreditkort

la carte de crédit

morgunverður

le petit-déjeuner

hádegisverður

le déjeuner

kvöldmatur

le dîner

farmiði

le billet

lyfta

l'ascenseur

frímerki

le timbre

landamæri

la frontière

tollur

la douane

sendiráð

l'ambassade

vegabréfsáritun

le visa

vegabréf

le passeport

samgöngur
le transport

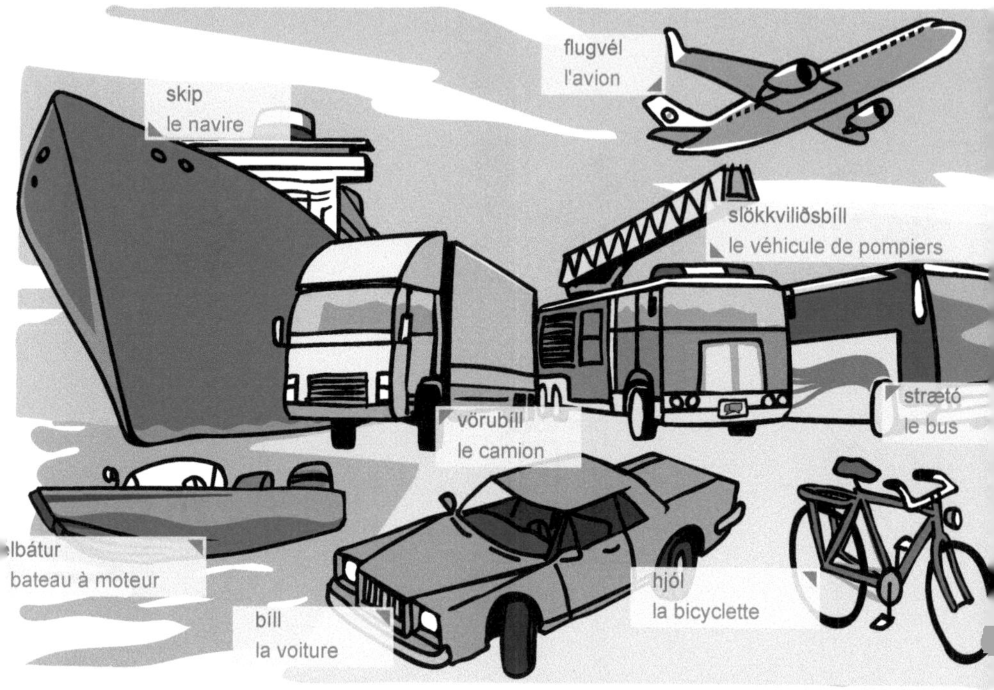
flugvél
l'avion
skip
le navire
slökkviliðsbíll
le véhicule de pompiers
strætó
le bus
vörubíll
le camion
lbátur
bateau à moteur
hjól
la bicyclette
bíll
la voiture

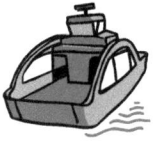

ferja

le ferry

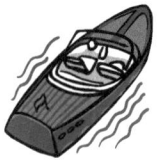

bátur

la barque

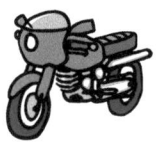

mótorhjól

la moto

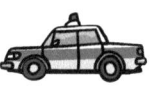

lögreglubíll

la voiture de police

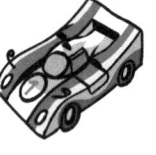

kappakstursbíll

la voiture de course

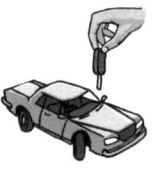

bílaleigubíll

la voiture de location

bílasamneyti

l'auto-partage

dráttarbíll

la voiture de remorquage

öskubíll

la benne à ordures

vél

le moteur

eldsneyti

l'essence

bensínstöð

la station d'essence

umferðarskilti

le panneau indicateur

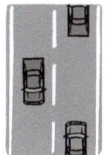

umferð

le trafic

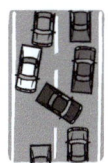

umferðarteppa

l'embouteillage

bílastæði

le parking

lestarstöð

la gare

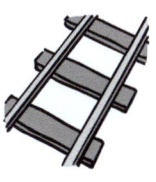

járnbrautarteinar

les rails

lest

le train

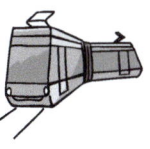

sporvagn

le tramway

vagn

le wagon

þyrla

l'hélicoptère

flugvöllur

l'aéroport

turn

la tour

farþegi

le passager

gámur

le conteneur

pappakassi

le carton

kerra

le chariot

karfa

la corbeille

takast á loft / lenda

décoller / atterrir

borg
la ville

þorp

le village

miðbær

le centre-ville

hús

la maison

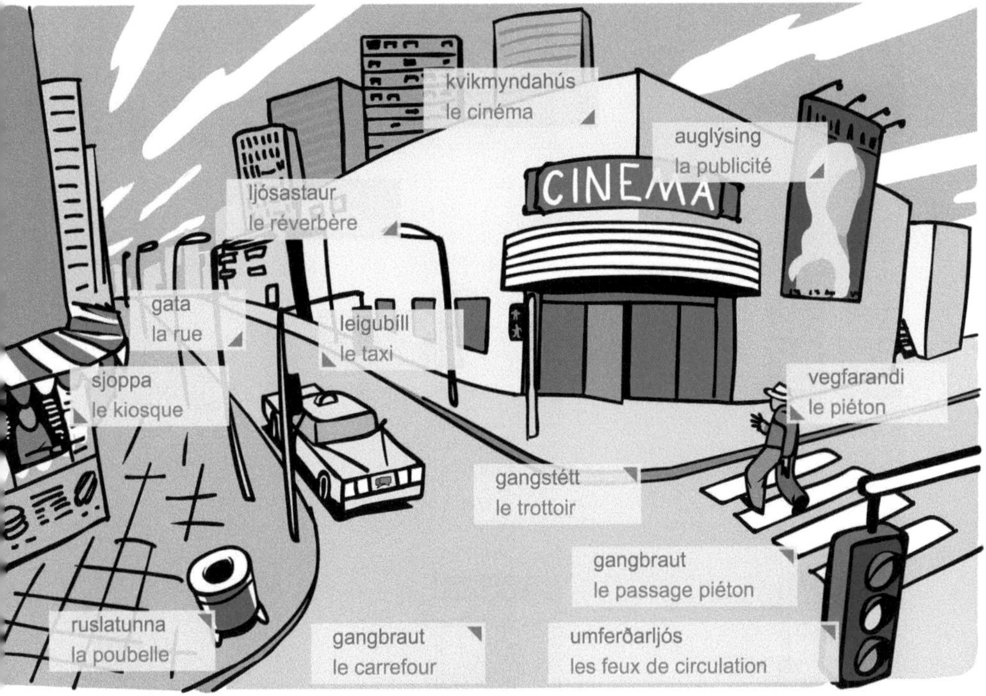

kvikmyndahús
le cinéma

auglýsing
la publicité

ljósastaur
le réverbère

CINEMA

gata
la rue

leigubíll
le taxi

sjoppa
le kiosque

vegfarandi
le piéton

gangstétt
le trottoir

gangbraut
le passage piéton

ruslatunna
la poubelle

gangbraut
le carrefour

umferðarljós
les feux de circulation

skáli

la cabane

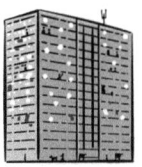

íbúð

l'appartement

lestarstöð

la gare

ráðhús

la mairie

safn

le musée

skóli

l'école

háskóli

l'université

banki

la banque

sjúkrahús

l'hôpital

hótel

l'hôtel

apótek

la pharmacie

skrifstofa

le bureau

bókabúð

la librairie

búð

le magasin

blómabúð

le fleuriste

kjörbúð

le supermarché

markaður

le marché

stórmarkaður

le grand magasin

fiskbúð

la poissonnerie

verslunarmiðstöð

le centre commercial

höfn

le port

almenningsgarður

le parc

bekkur

la banque

brú

le pont

stigi

les escaliers

neðanjarðarlest

le métro

göng

le tunnel

biðstöð

l'arrêt de bus

bar

le bar

veitingastaður

le restaurant

póstkassi

la boîte à lettres

götuskilti

le panneau indicateur

stöðumælir

le parcmètre

dýragarður

le zoo

sundlaug

le réverbère

moska

la mosquée

bær

la ferme

mengun

la pollution

kirkjugarður

la cimetière

kirkja

l'église

leiksvæði

l'aire de jeux

musteri

le temple

landslag
le paysage

laufblað
la feuille

leiðarvísir
le panneau indicateur

leið
le chemin

engi
le pré

steinn
la pierre

göngufólk
le randonneur

tré
l'arbre

á
la rivière

gras
l'herbe

blóm
la fleur

dalur

la vallée

hæð

la montagne

stöðuvatn

le lac

skógur

la forêt

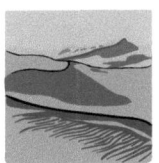

eyðimörk

le désert

eldfjall

le volcan

kastali

le château

regnbogi

l'arc-en-ciel

sveppur

le champignon

pálmatré

le palmier

moskítófluga

le moustique

fluga

la mouche

maur

les fourmis

býfluga

l'abeille

kónguló

l'araignée

bjalla

le coléoptère

froskur

la grenouille

íkorni

l'écureuil

broddgöltur

le hérisson

héri

le lièvre

ugla

la chouette

fugl

l'oiseau

svanur

le cygne

villisvín

le sanglier

dádýr

le cerf

elgur

l'élan

stífla

le barrage

vindmylla

l'éolienne

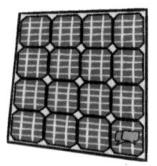

sólarrafhlaða

le panneau solaire

loftslag

le climat

veitingastaður
le restaurant

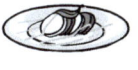

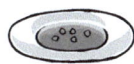

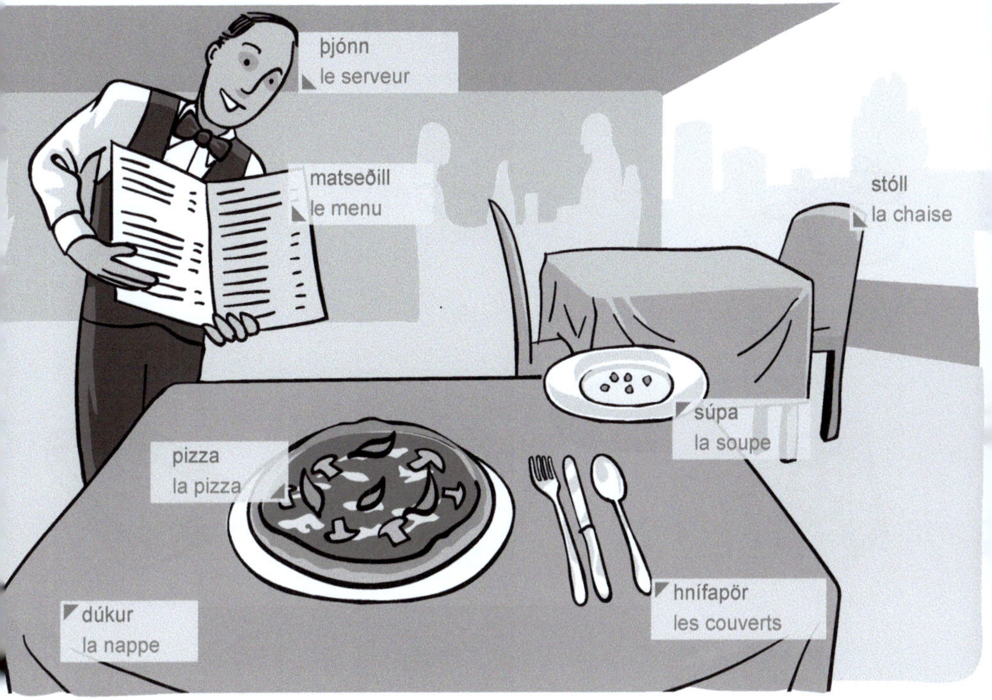

þjónn
le serveur
matseðill
le menu
stóll
la chaise
súpa
la soupe
pizza
la pizza
hnífapör
les couverts
dúkur
la nappe

forréttur
....
les hors d'œuvre

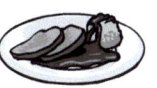

aðalréttur
....
le plat principal

eftirréttur
....
le dessert

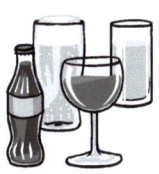

drykkir
....
les boissons

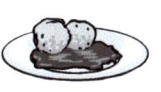

matur
....
l'alimentation

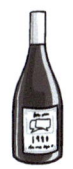

flaska
....
la bouteille

skyndibiti

le fast-food

götumatur

les plats à emporter

teketill

la théière

sykurskál

le sucrier

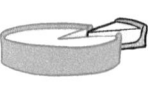

skammtur

la portion

espressovél

la machine à expresso

barnastóll

la chaise haute

reikningur

la facture

bakki

le plateau

hnífur

le couteau

gaffall

la fourchette

skeið

la cuillère

teskeið

la cuillère à thé

servíetta

la serviette

glas

le verre

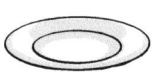

diskur

l'assiette

súpudiskur

l'assiette à soupe

undirskál

la soucoupe

sósa

la sauce

saltstaukur

la salière

piparkvörn

le moulin à poivre

edik

le vinaigre

olía

l'huile

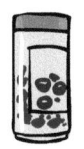

krydd

les épices

tómatsósa

le ketchup

sinnep

la moutarde

majónes

la mayonnaise

kjörbúð

le supermarché

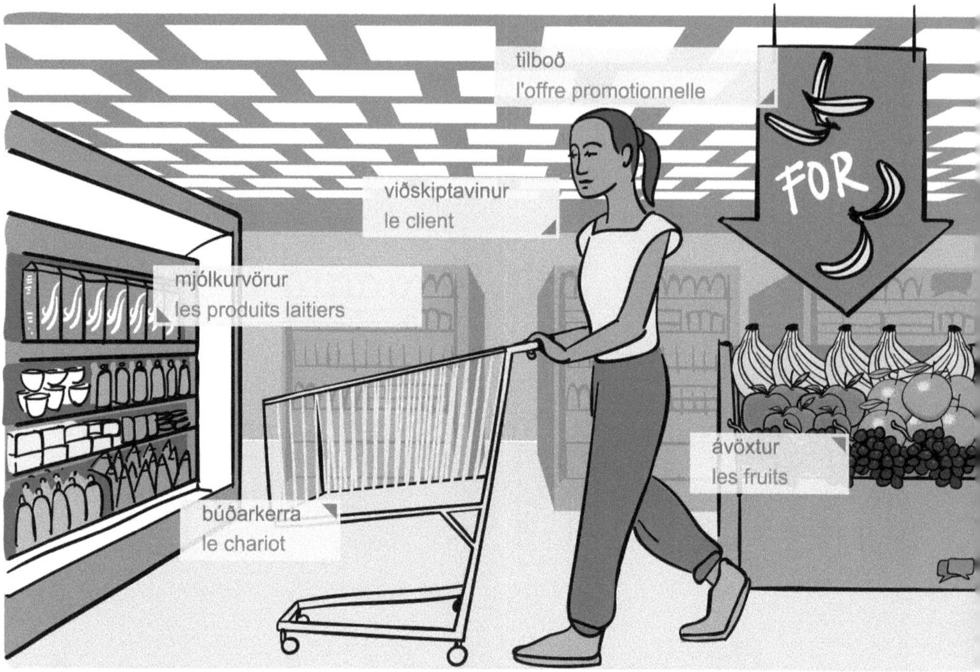

tilboð
l'offre promotionnelle
FOR
viðskiptavinur
le client
mjólkurvörur
les produits laitiers
ávöxtur
les fruits
búðarkerra
le chariot

BUTCHERS

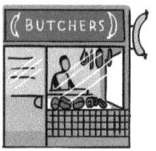

slátrari

la boucherie

BAKERY

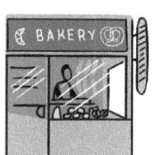

bakarí

la boulangerie

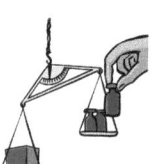

vega

peser

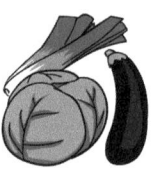

grænmeti

les légumes

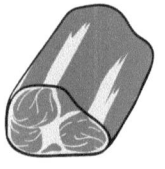

kjöt

la viande

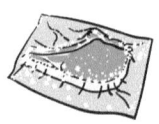

frosinn matur

les aliments surgelés

kjötálegg

la charcuterie

niðursoðinn matur

les conserves

þvottaefni

la poudre à lessive

sælgæti

les bonbons

vörur til heimilisnota

les articles ménagers

hreinsiefni

les détergents

afgreiðslukona

la vendeuse

afgreiðslukassi

la caisse

gjaldkeri

le caissier

innkaupalisti

la liste d'achats

opnunartímar

les heures d'ouverture

veski

le portefeuille

kreditkort

la carte de crédit

poki

le sac

plastpoki

le sac en plastique

les boissons

vatn

l'eau

safi

le jus de fruit

mjólk

le lait

kók

le coca

vín

le vin

bjór

la bière

áfengi

l'alcool

kakó

le chocolat chaud

te

le thé

kaffi

le café

espresso

l'expresso

kaffi

le cappuccino

banani

la banane

epli

la pomme

appelsínugulur

l'orange

melóna

le melon

sítróna

le citron.

gulrót

la carotte

hvítlaukur

l'ail

bambus

le bambou

laukur

l'oignon

sveppir

le champignon

hnetur

les noisettes

núðlur

les pâtes

spagettí

les spaghetti

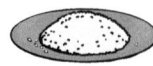

hrísgrjón

le riz

salat

la salade

franskar kartöflur

les pommes frites

steiktar kartöflur

les pommes de terre rôties

pizza

la pizza

hamborgari

le hamburger

samloka

le sandwich

snitsel

l'escalope

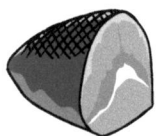

skinka

le jambon

salami

le salami

pylsa

la saucisse

kjúklingur

le poulet

steik

le rôti

fiskur

le poisson

haframjöl
les flocons d'avoine

múslí
le muesli

kornflögur
les cornflakes

hveiti
la farine

franskt horn
le croissant

smábrauð
les petits-pains

brauð
le pain

ristað brauð
le pain grillé

kex
les biscuits

smjör
le beurre

ystingur
le fromage blanc

kaka
le gâteau

egg
l'œuf

spælt egg
l'œuf au plat

ostur
le fromage

ís
....
la glace

sykur
....
le sucre

hunang
....
le miel

sulta
....
la confiture

súkkulaðiálegg
....
la crème nougat

karrý
....
le curry

bær
la ferme

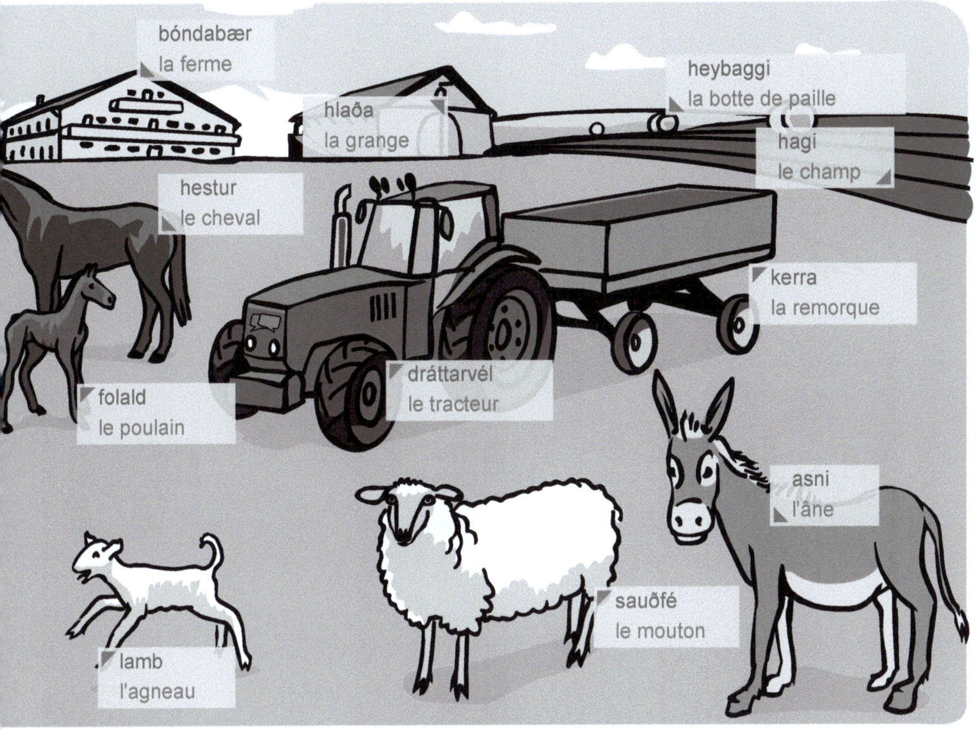
bóndabær
la ferme
hlaða
la grange
heybaggi
la botte de paille
hagi
le champ
hestur
le cheval
kerra
la remorque
dráttarvél
le tracteur
folald
le poulain
asni
l'âne
sauðfé
le mouton
lamb
l'agneau

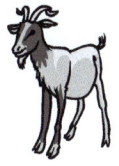

geit

la chèvre

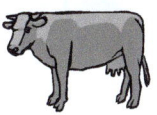

kýr

la vache

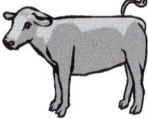

kálfur

le veau

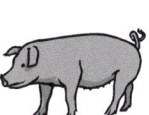

svín

le porc

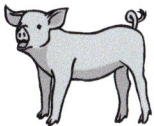

grís

le porcelet

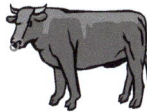

naut

le taureau

gæs

l'oie

önd

le canard

ungi

le poussin

hæna

la poule

hani

le coq

rotta

le rat

köttur

le chat

mús

la souris

uxi

le bœuf

hundur

le chien

hundakofi

le chenil

garðslanga

le tuyau de jardin

garðkanna

l'arrosoir

ljár

la faucheuse

plógur

la charrue

sigð
la faucille

hlújárn
la pioche

heygaffall
la fourche

öxi
la hache

hjólbörur
la brouette

trog
la cuve

mjólkurfata
le pot à lait

poki
le sac

girðing
la clôture

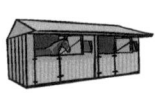

gripahús
l'étable

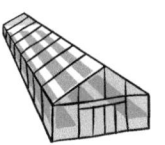

gróðurhús
le serre

jarðvegur
le sol

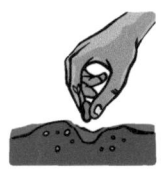

fræ
les semences

áburður
l'engrais

kornskurðarvél
la moissonneuse-batteuse

uppskera

récolter

uppskera

la récolte

kínverskar kartöflur

l'igname

hveiti

le blé

soja

le soja

kartafla

la pomme de terre

maís

le maïs

repja

le colza

ávaxtatré

l'arbre fruitier

maníókarót

le manioc

korn

les céréales

hús

la maison

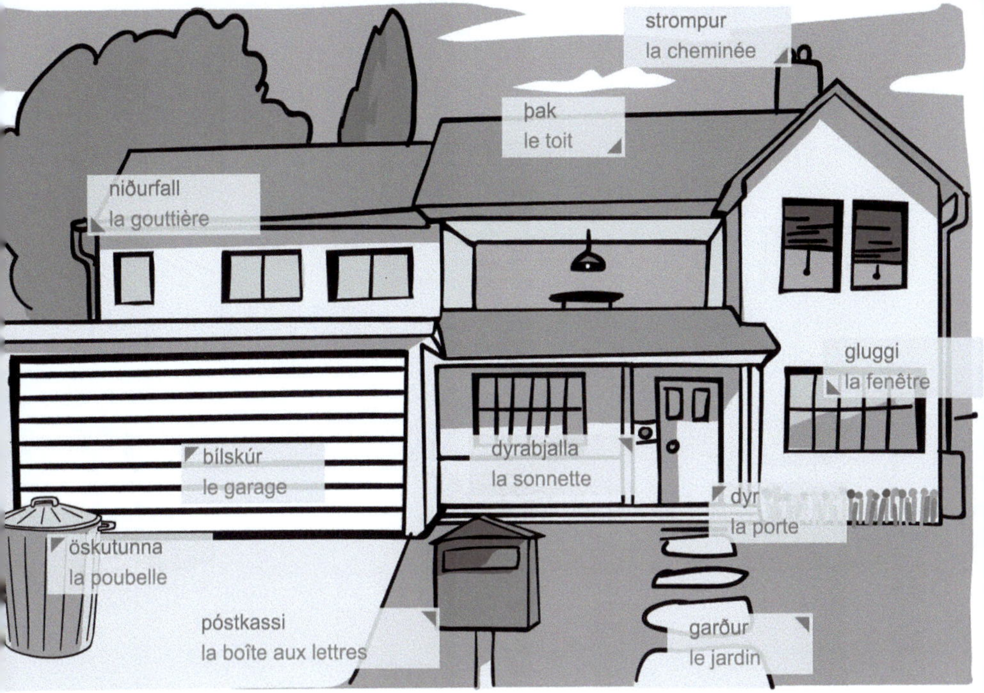
strompur
la cheminée
þak
le toit
niðurfall
la gouttière
gluggi
la fenêtre
bílskúr
le garage
dyrabjalla
la sonnette
dyr
la porte
öskutunna
la poubelle
póstkassi
la boîte aux lettres
garður
le jardin

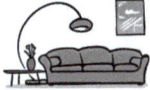

stofa

le salon

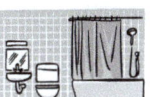

baðherbergi

la salle de bain

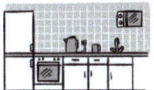

eldhús

la cuisine

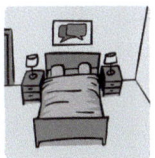

svefnherbergi

a chambre à coucher

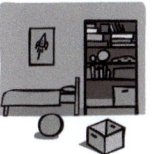

barnaherbergi

la chambre d'enfant

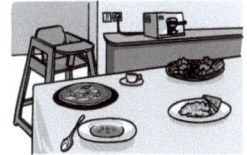

borðstofa

la salle à manger

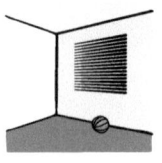

gólf

le sol

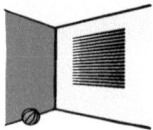

veggur

le mur

loft

le plafond

kjallari

la cave

gufubað

le sauna

svalir

le balcon

verönd

la terrasse

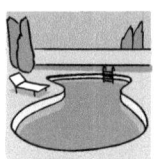

sundlaug

la piscine

sláttuvél

la tondeuse à gazon

lak

la housse

rúmteppi

la couette

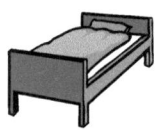

rúm

le lit

kústur

le balai

fata

le sceau

rofi

l'interrupteur

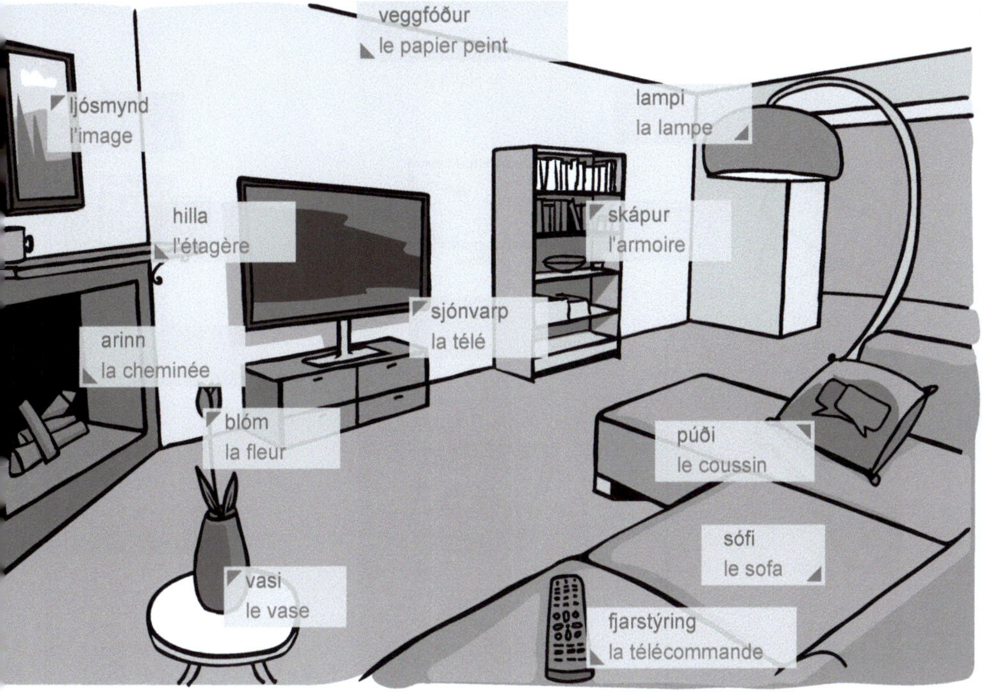

veggfóður
le papier peint

ljósmynd
l'image

lampi
la lampe

hilla
l'étagère

skápur
l'armoire

arinn
la cheminée

sjónvarp
la télé

blóm
la fleur

púði
le coussin

sófi
le sofa

vasi
le vase

fjarstýring
la télécommande

teppi

le tapis

gardínur

le rideau

borð

la table

stóll

la chaise

ruggustóll

la chaise à bascule

hægindastóll

le fauteuil

bók

le livre

sæng

la couverture

skraut

la décoration

eldiviður

le bois de chauffage

mynd

le film

hljómflutningstæki

la chaîne hi-fi

lykill

la clé

dagblað

le journal

málverk

la peinture

veggspjald

le poster

útvarp

la radio

minnisbók

le bloc-notes

ryksuga

l'aspirateur

kaktus

le cactus

kerti

la bougie

eldhús
la cuisine

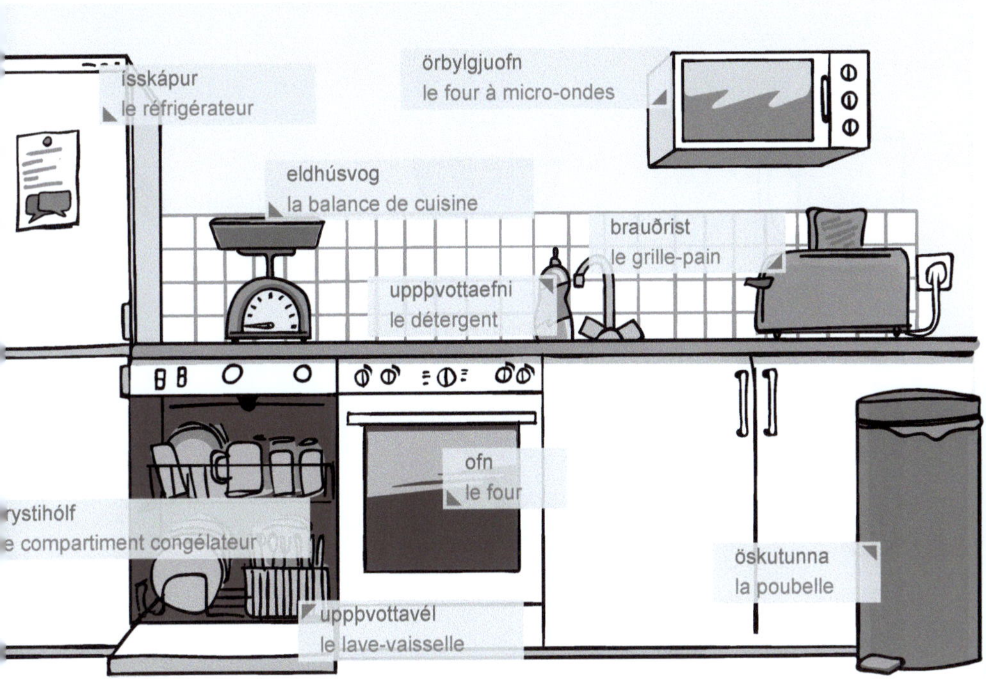

ísskápur
le réfrigérateur
örbylgjuofn
le four à micro-ondes
eldhúsvog
la balance de cuisine
brauðrist
le grille-pain
uppþvottaefni
le détergent
ofn
le four
rystihólf
e compartiment congélateur
öskutunna
la poubelle
uppþvottavél
le lave-vaisselle

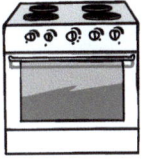

eldavél

le four

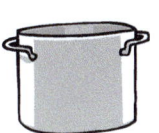

pottur

la casserole

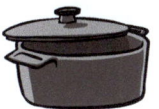

steypujárnspottur

la marmite

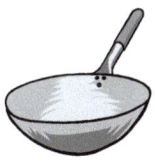

wok/kadai

le wok / kadai

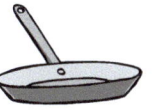

panna

la poêle

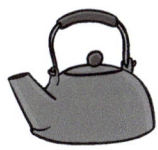

ketill

la bouilloire electrique

gufukarfa

le cuiseur vapeur

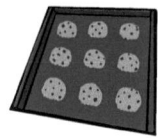

ofnform

la plaque de cuisson

leirtau

la vaisselle

mál

le gobelet

skál

la coupe

prjónar

les baguettes

ausa

la louche

spaði

la spatule

pískur

le fouet

sigti

la passoire

málmsigti

le tamis

rifjárn

la râpe

mortél

le mortier

grill

le barbecue

opinn eldur

la cheminée

skurðarbretti

planche à découper

kökukefli

le rouleau à pâtisserie

tappatogari

le tire-bouchon

dós

la boîte

dósaopnari

l'ouvre-boîte

pottaleppur

les maniques

vaskur

le lavabo

bursti

la brosse

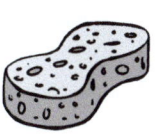

svampur

l'éponge

blandari

le mixeur

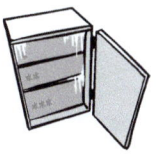

frystir

le congélateur

peli

le biberon

blöndunartæki

le robinet

baðherbergi
la salle de bain

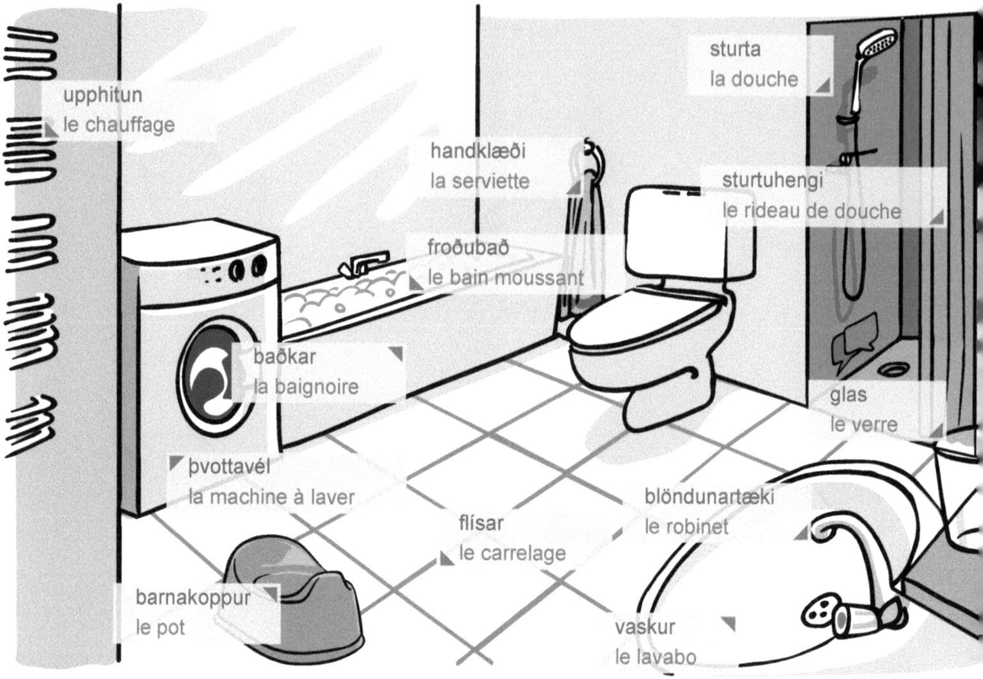

sturta
la douche

upphitun
le chauffage

handklæði
la serviette

sturtuhengi
le rideau de douche

froðubað
le bain moussant

baðkar
la baignoire

glas
le verre

þvottavél
la machine à laver

blöndunartæki
le robinet

flísar
le carrelage

barnakoppur
le pot

vaskur
le lavabo

salerni

les toilettes

salerni án setu

la toilette à la turque

skolskál

le bidet

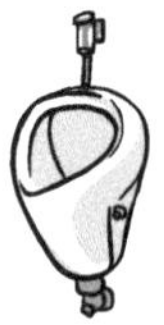

þvagskál

l'urinoir

salernispappír

le papier toilette

salernisbursti

la brosse à toilette

tannbursti

la brosse à dents

tannkrem

le dentifrice

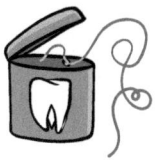

tannþráður

le fil dentaire

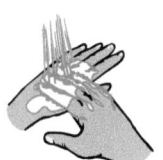

þvo

laver

handsturta

la douche manuelle

salernissturta

la douche intime

vaskur

la vasque

bakbursti

la brosse dorsale

sápa

le savon

sturtugel

le gel douche

sjampó

le shampooing

flannel

le gant de toilette

niðurfall

l'écoulement

krem

la crème

svitalyktareyðir

le déodorant

spegill

le miroir

handspegill

le miroir cosmétique

rakskafa

le rasoir

raksápa

la mousse à raser

rakspíri

l'après-rasage

greiða

la peigne

bursti

la brosse

hárþurrka

le sèche-cheveux

hársprey

la laque pour cheveux

farði

le fond de teint

varalitur

le rouge à lèvres

naglalakk

le vernis à ongles

bómull

l'ouate

naglaklippur

le coupe-ongles

ilmvatn

le parfum

þvottapoki

la trousse de toilette

kollur

le tabouret

vog

le pèse-personne

sloppur

le peignoir

gúmmíhanskar

les gants de nettoyage

tíðatappi

le tampon

dömubindi

serviettes hygiéniques

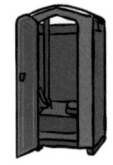

efnasalerni

la toilette chimique

barnaherbergi
la chambre d'enfant

vekjaraklukka
le réveil
mjúkt leikfang
le doudou
leikfangabíll
la voiture jouet
hrista
le hochet
dúkkuhús
la maison de poupée
gjöf
le cadeau

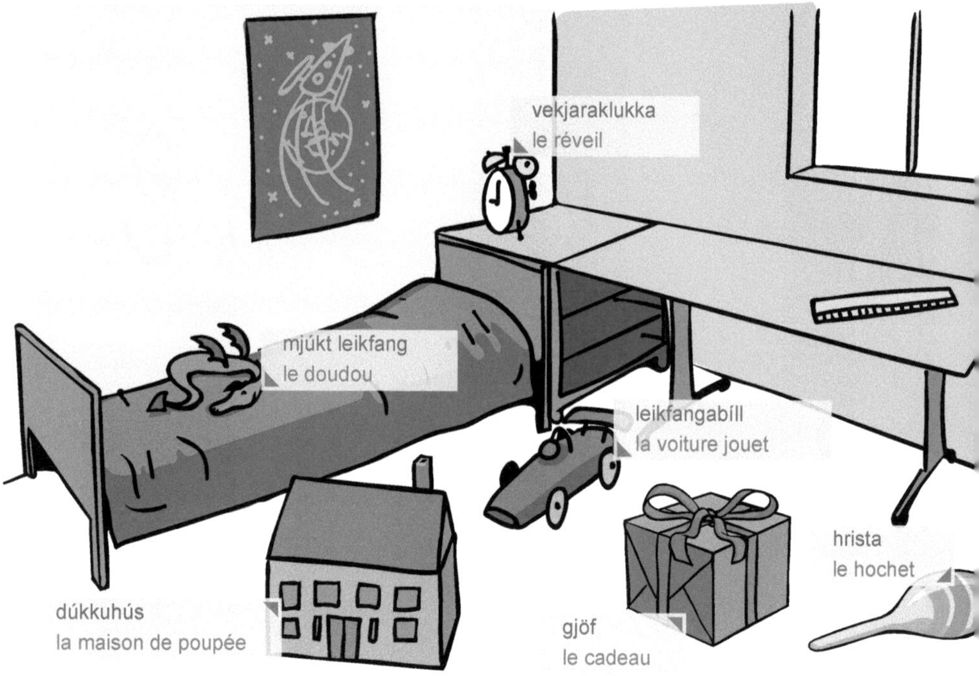

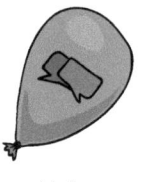

blaðra

le ballon

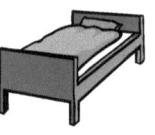

rúm

le lit

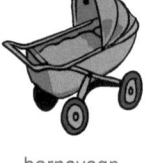

barnavagn

la poussette

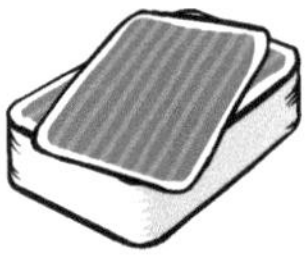

spilastokkur

le jeu de cartes

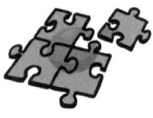

púsluspil

le puzzle

myndasaga

la bande dessinée

legókubbar

les pièces lego

leikfangakubbar

les blocs de construction

leikfangakall

la figurine

samfestingur

la grenouillère

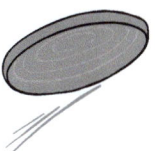

Frisbídiskur

le frisbee

órói

le mobile

spilaborð

le jeu de société

teningar

le dé

lestarlíkan

le train miniature

snuð

la sucette

veisla

la fête

myndabók

le livre d'images

bolti

la balle

brúða

la poupée

spila

jouer

sandkassi

le bac à sable

sveifla

la balançoire

leikföng

les jouets

leikjatölva

la console de jeu

þríhjól

le tricycle

bangsi

l'ours en peluche

fataskápur

l'armoire

föt

les vêtements

sokkar

les chaussettes

kvensokkabuxur

les bas

sokkabuxur

le collant

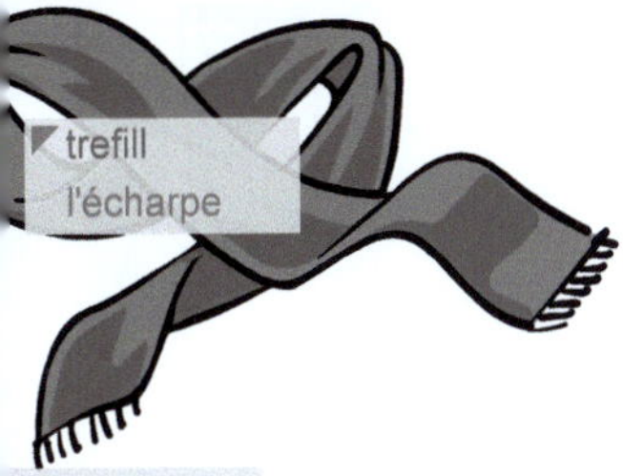

trefill
l'écharpe

regnhlíf
le parapluie

stuttermabolur
le t-shirt

elti
la ceinture

skór
les bottes

inniskór
les pantoufles

strigaskór
les baskets

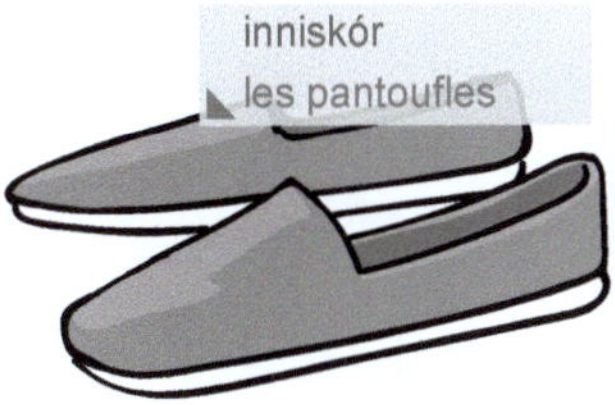

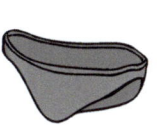

sandalar
....
les sandales

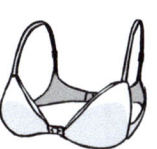

skór
....
les chaussures

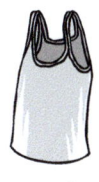

gúmmístígvél
....
les bottes de caoutchouc

nærbuxur
....
les sous-vêtements

brjóstahaldari
....
le soutien-gorge

vesti
....
le maillot de corps

samfella

le body

buxur

le pantalon

gallabuxur

le jean

pils

la jupe

blússa

le chemisier

skyrta

la chemise

peysa

le pull

hettupeysa

le sweat à capuche

jakki

la veste

jakki

la veste

frakki

le manteau

regnfrakki

l'imperméable

dragt

le costume

kjóll

la robe

brúðarkjóll

la robe de mariée

jakkaföt

le costume

náttkjóll

la chemise de nuit

náttföt

le pyjama

Sari

le sari

höfuðslæða

le foulard

túrban

le turban

búrka

la burqa

kaftan

le caftan

abaya

l'abaya

sundföt

le maillot de bain

sundbuxur

le maillot de bain

stuttbuxur

le short

íþróttagalli

tenue d'entraînement

svunta

le tablier

hanskar

les gants

hnappur

le bouton

gleraugu

les lunettes

armband

le bracelet

hálsmen

le collier

hringur

la bague

eyrnalokkur

la boucle d'oreille

húfa

le bonnet

herðatré

le cintre

hattur

le chapeau

bindi

la cravate

rennilás

la fermeture éclair

hjálmur

le casque

axlabönd

les bretelles

skólabúningur

l'uniforme scolaire

einkennisbúningur

l'uniforme

smekkur
le bavoir

snuð
la sucette

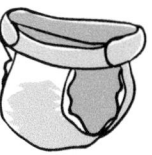

bleyja
la lange

skrifstofa
le bureau

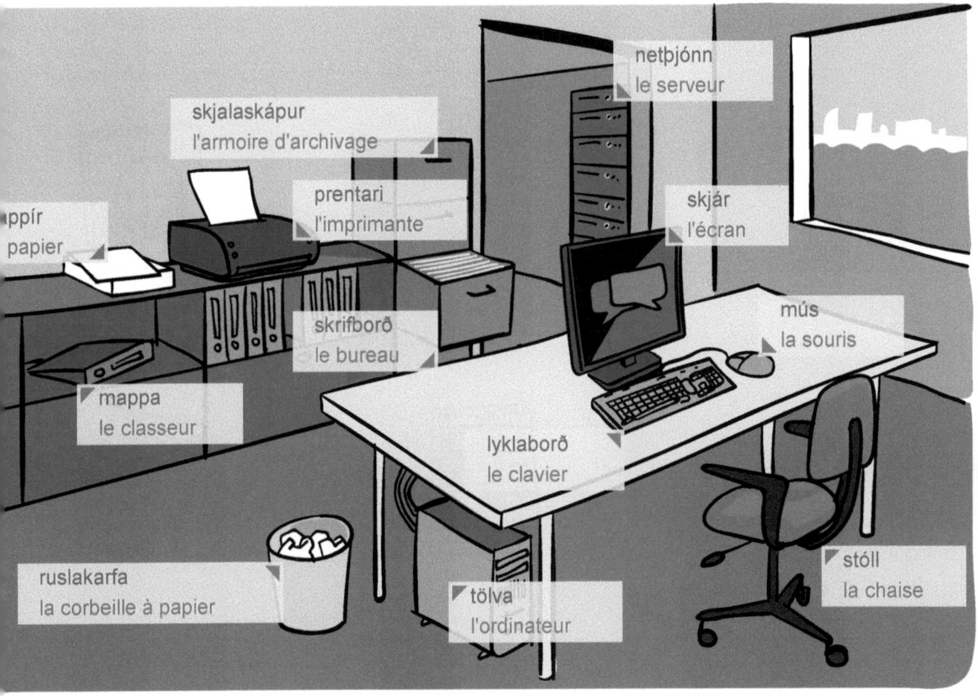

netþjónn
le serveur

skjalaskápur
l'armoire d'archivage

prentari
l'imprimante

ppír
papier

skjár
l'écran

skrifborð
le bureau

mús
la souris

mappa
le classeur

lyklaborð
le clavier

ruslakarfa
la corbeille à papier

tölva
l'ordinateur

stóll
la chaise

kaffibolli
la tasse de café

reiknivél
la calculatrice

internet
l'internet

fartölva

l'ordinateur portable

bréf

la lettre

skilaboð

le message

farsími

le portable

net

le réseau

ljósritunarvél

la photocopieuse

hugbúnaður

le logiciel

sími

le téléphone

innstunga

la prise

faxtæki

le fax

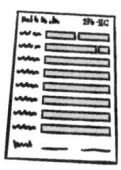

eyðublað

le formulaire

skjal

le document

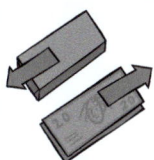

kaupa

acheter

borga

payer

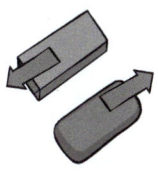

versla

faire du commerce

peningar

la monnaie

dollari

le dollar

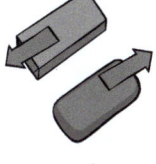

evra

l'euro

jen

le yen

rúbla

le rouble

svissneskur franki

le franc suisse

renminbi yuan

le renminbi yuan

rúpíur

la roupie

hraðbanki

le distributeur automatique

gjaldeyrisskipti

le bureau de change

gull

l'or

silfur

l'argent

olía

le pétrole

orka

l'énergie

verð

le prix

samningur

le contrat

skattur

la taxe

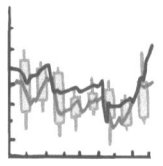

hlutabréf

l'action

vinna

travailler

starfsmaður

l'employé

vinnuveitandi

l'employeur

verksmiðja

l'usine

búð

le magasin

starfsgreinar
les professions

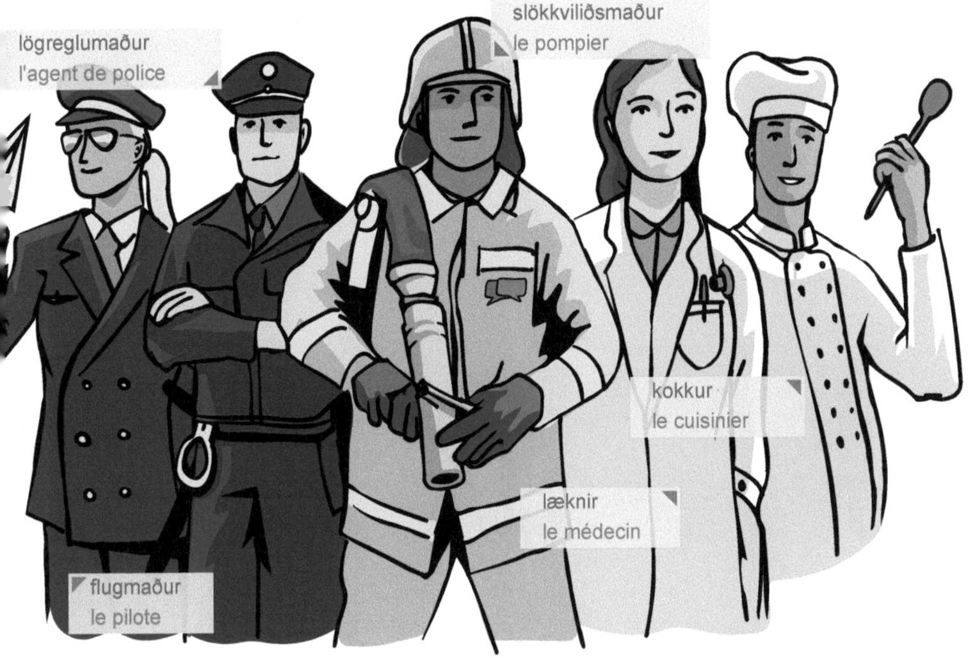

lögreglumaður
l'agent de police
slökkviliðsmaður
le pompier
kokkur
le cuisinier
læknir
le médecin
flugmaður
le pilote

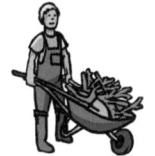

garðyrkjumaður
le jardinier

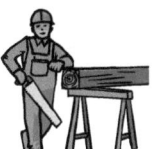

smiður
le menuisier

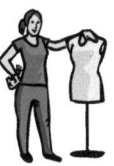

saumakona
la couturière

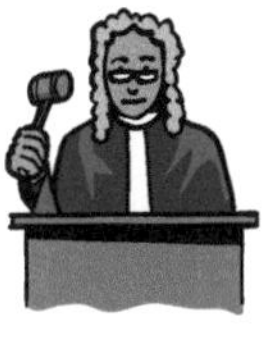

dómari
le juge

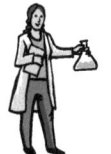

lyfjafræðingur
le chimiste

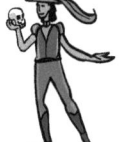

leikari
l'acteur

strætóbílstjóri

le conducteur de bus

leigubílstjóri

le chauffeur de taxi

sjómaður

le pêcheur

ræstitæknir

la femme de ménage

þaksmiður

le couvreur

þjónn

le serveur

veiðimaður

le chasseur

málari

le peintre

bakari

le boulanger

rafvirki

l'électricien

byggingaverkamaður

l'ouvrier

verkfræðingur

l'ingénieur

slátrari

le boucher

pípari

le plombier

póstmaður

le facteur

hermaður
le soldat

arkitekt
l'architecte

gjaldkeri
le caissier

blómasali
le fleuriste

hárgreiðslumaður
le coiffeur

lestarstjóri
le contrôleur

vélvirki
le mécanicien

skipstjóri
le capitaine

tannlæknir
le dentiste

vísindamaður
le scientifique

rabbíi
le rabbin

Imam
l'imam

munkur
le moine

prestur
le prêtre

verkfæri
les outils

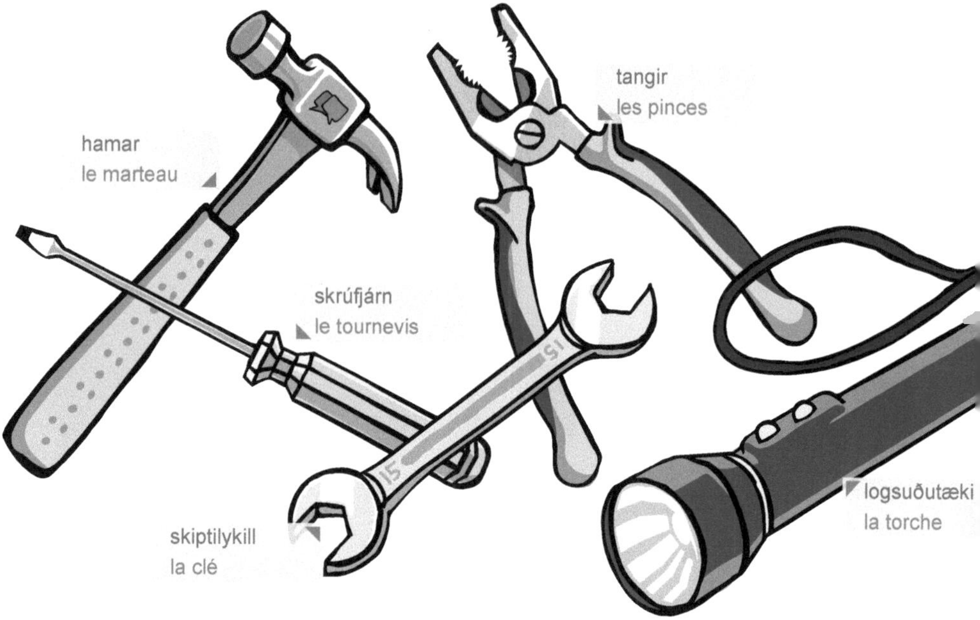

tangir
les pinces
hamar
le marteau
skrúfjárn
le tournevis
logsuðutæki
la torche
skiptilykill
la clé

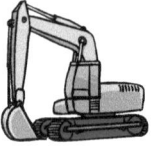

grafa

la pelleteuse

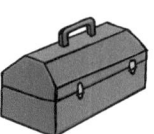

verkfærataska

la boîte à outils

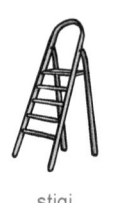

stigi

l'échelle

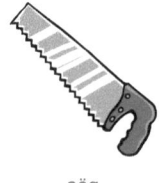

sög

la scie

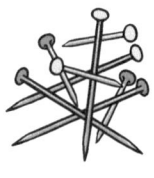

naglar

les clous

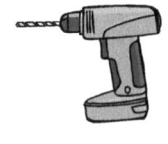

bor

la perceuse

gera við

réparer

skófla

la pelle

Fjandinn!

Mince !

fægiskófla

la pelle

málningarfata

le pot de peinture

skrúfur

les vis

hljóðfæri

les instruments de musique

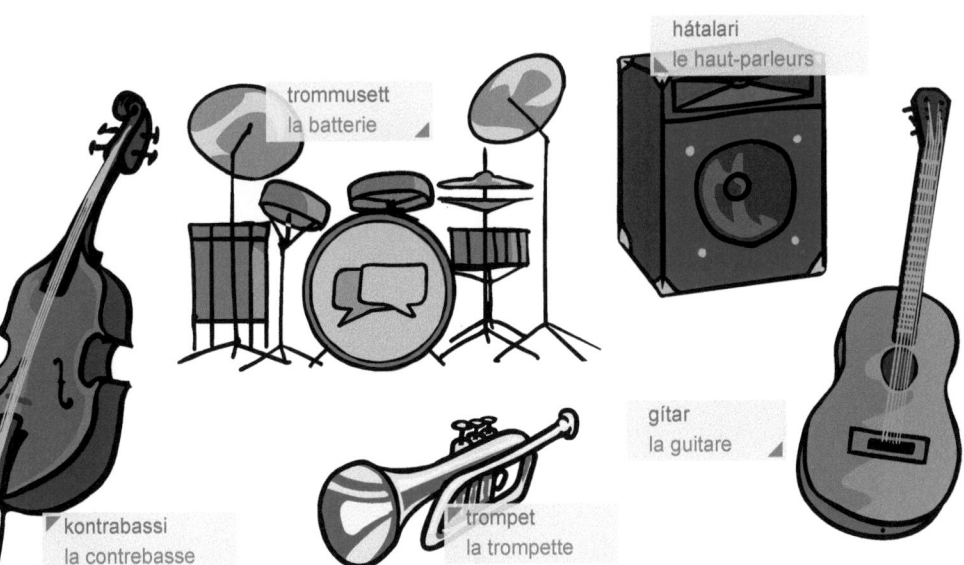

hátalari
le haut-parleurs

trommusett
la batterie

gítar
la guitare

kontrabassi
la contrebasse

trompet
la trompette

píanó

le piano

fiðla

le violon

bassi

la basse

pákur

les timbales

trommur

le tambour

hljómborð

le piano électrique

saxófónn

le saxophone

flauta

la flûte

hljóðnemi

le microphone

dýragarður

le zoo

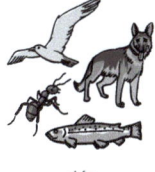

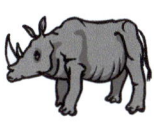

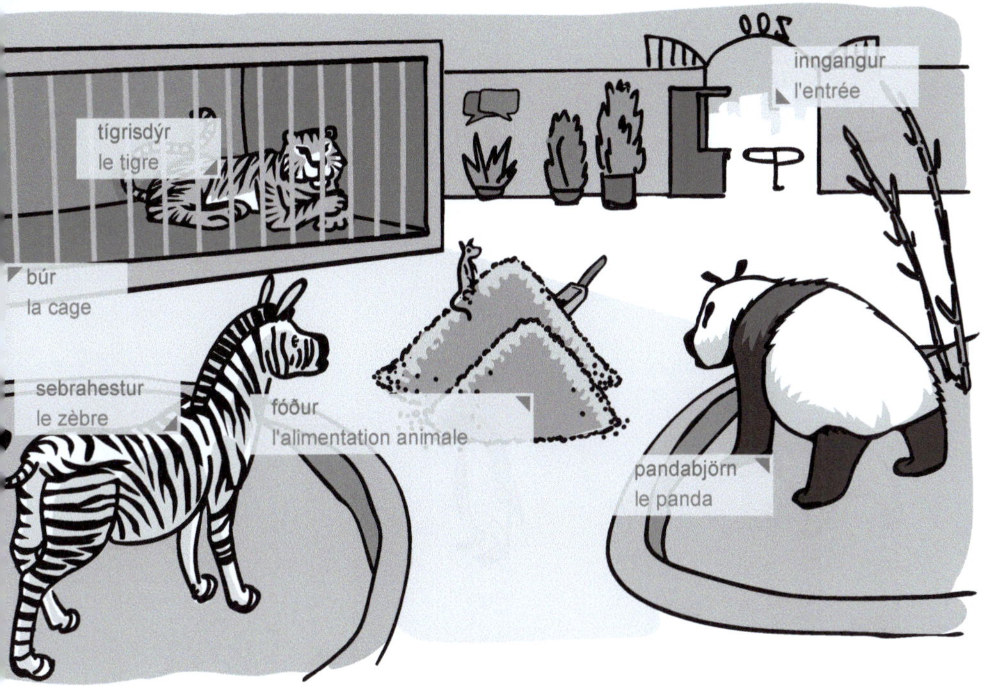

zoo
inngangur
l'entrée
tígrisdýr
le tigre
búr
la cage
sebrahestur
le zèbre
fóður
l'alimentation animale
pandabjörn
le panda

dýr

les animaux

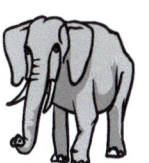

fíll

l'éléphant

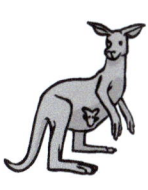

kengúra

le kangourou

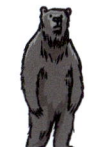

nashyrningur

le rhinocéros

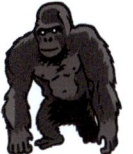

górilla

le gorille

skógarbjörn

l'ours

úlfaldi

le chameau

strútur

l'autruche

ljón

le lion

api

le singe

flamingó

le flamand rose

páfagaukur

le perroquet

ísbjörn

l'ours polaire

mörgæs

le pingouin

hákarl

le requin

páfugl

le paon

snákur

le serpent

krókódíll

le crocodile

dýragarðsvörður

le gardien de zoo

selur

le phoque

jagúar

le jaguar

hestur

le poney

hlébarði

le léopard

flóðhestur

l'hippopotame

gíraffi

la girafe

örn

l'aigle

villisvín

le sanglier

fiskur

le poisson

skjaldbaka

la tortue

rostungur

le morse

refur

le renard

gasella

la gazelle

Ameríkur fótbolti
l'american Football

hjólreiðar
le cyclisme

tennis
le tennis

körfubolti
le basket-ball

sund
la natation

íshokkí
le hockey sur glace

hnefaleikar
la boxe

fótbolti
le football

hnit
le badminton

frjálsar íþróttir
l'athlétisme

handbolti
le handball

skíði
le ski

póló
le polo

hlæja
rire

hoppa
sauter

faðma
embrasser

ganga
marcher

syngja
chanter

dreyma
rêver

biðja
prier

kyssa
faire la bise

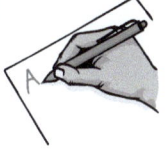

skrifa
écrire

teikna
dessiner

sýna
montrer

ýta
pousser

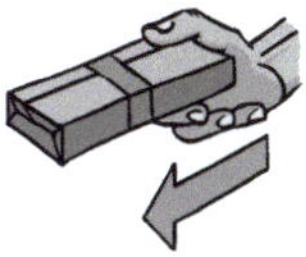

gefa
donner

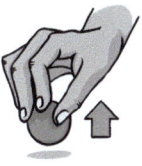

taka
prendre

hafa

avoir

gera

faire

vera

être

standa

être debout

hlaupa

courir

draga

trier

kasta

jeter

detta

tomber

ljúga

être couché

bíða

attendre

bera

porter

sitja

être assis

klæða sig

s'habiller

sofa

dormir

vakna

se réveiller

líta á

regarder

gráta

pleurer

strjúka

caresser

greiða

peigner

tala

parler

skilja

comprendre

spyrja

demander

hlusta

écouter

drekka

boire

borða

manger

taka til

ranger

elska

aimer

elda

cuire

keyra

conduire

fljúga

voler

sigla

faire de la voile

reikna

calculer

lesa

lire

læra

apprendre

vinna

travailler

giftast

se marier

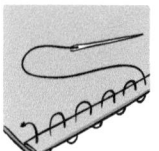

sauma

coudre

bursta tennur

brosser les dents

drepa

tuer

reykja

fumer

senda

envoyer

fjölskylda
la famille

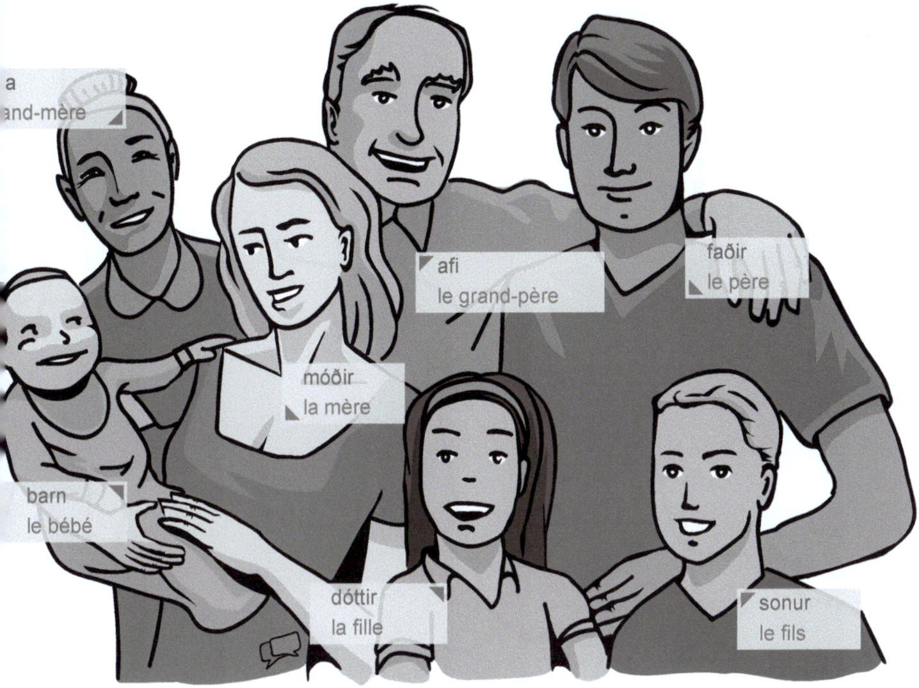

a
and-mère
afi
le grand-père
faðir
le père
móðir
la mère
barn
le bébé
dóttir
la fille
sonur
le fils

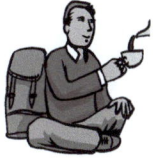

gestur

l'hôte

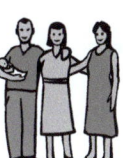

frænka

la tante

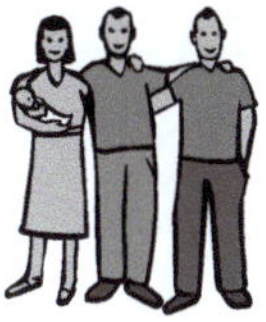

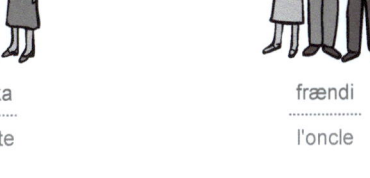

frændi

l'oncle

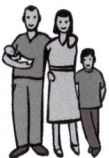

bróðir

le frère

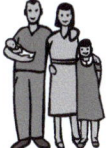

systir

la sœur

líkami

le corps

enni
le front
auga
l'œil
öxl
l'épaule
fingur
le doigt
andlit
le visage
haka
le menton
hönd
la main
fótleggur
la jambe
brjóst
la poitrine
handleggur
le bras

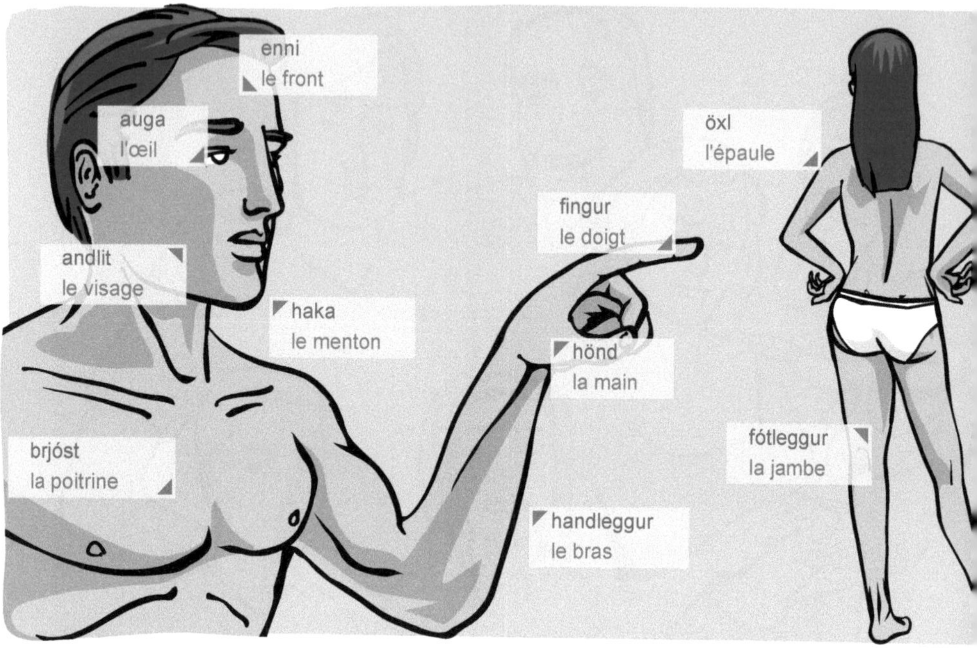

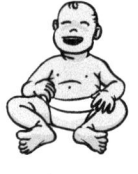

barn

le bébé

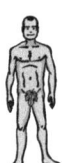

maður

l'homme

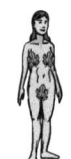

kona

la femme

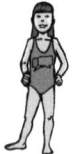

stúlka

la fille

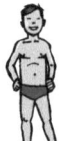

drengur

le garçon

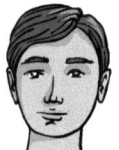

höfuð

la tête

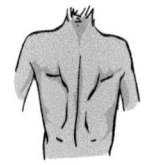

bak

le dos

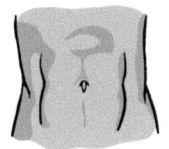

kviður

le ventre

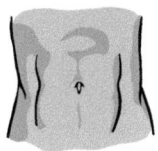

nafli

le nombril

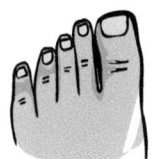

tá

l'orteil

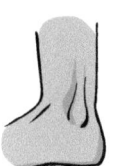

hæll

le talon

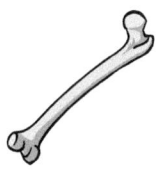

bein

l'os

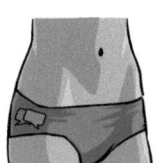

mjöðm

la hanche

hné

le genou

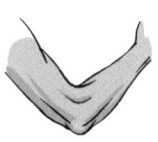

olnbogi

le coude

nef

le nez

rass

les fesses

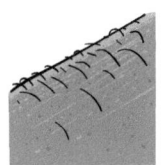

húð

la peau

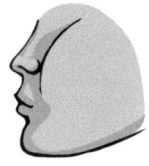

kinn

la joue

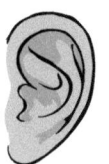

eyra

l'oreille

vör

la lèvre

líkami - le corps

munnur
la bouche

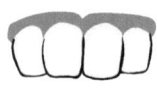

tönn
la dent

tunga
la langue

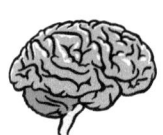

heili
le cerveau

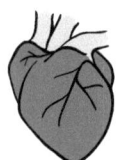

hjarta
le cœur

vöðvi
le muscle

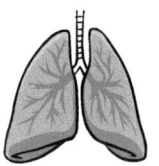

lunga
les poumons

lifur
le foie

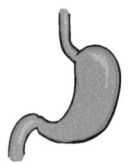

magi
l'estomac

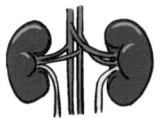

nýru
les reins

kynmök
le rapport sexuel

smokkur
le préservatif

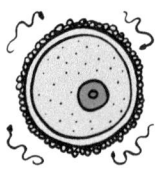

eggfruma
l'ovule

sæði
le sperme

ólétta
la grossesse

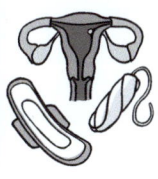

tíðir
....
la menstruation

leggöng
....
le vagin

typpi
....
le pénis

augabrún
....
le sourcil

hár
....
les cheveux

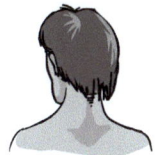

háls
....
le cou

sjúkrahús
l'hôpital

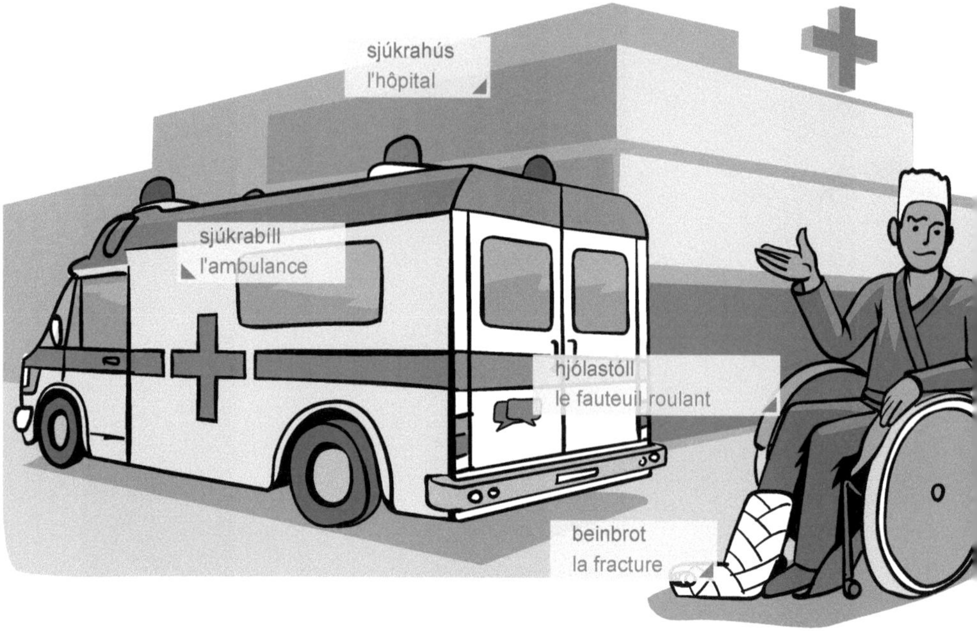

sjúkrahús
l'hôpital
sjúkrabíll
l'ambulance
hjólastóll
le fauteuil roulant
beinbrot
la fracture

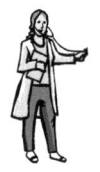

læknir

le médecin

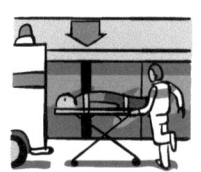

bráðamóttaka

le service des urgences

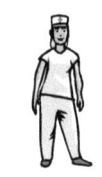

hjúkrunarfræðingur

l'infirmière

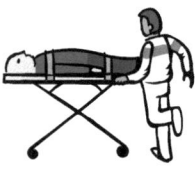

neyðartilvik

l'urgence

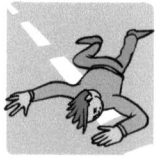

meðvitundarlaus

inconscient

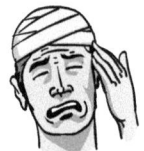

verkir

la douleur

meiðsli

la blessure

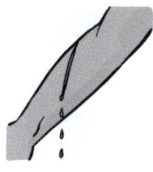

blæðing

l'hémorragie

hjartaáfall

la crise cardiaque

heilablóðfall

l'attaque cérébrale

ofnæmi

l'allergie

hósti

la toux

hiti

la fièvre

flensa

la grippe

niðurgangur

la diarrhée

höfuðverkur

le mal de tête

krabbamein

le cancer

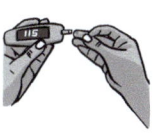

sykursýki

le diabète

skurðlæknir

le chirurgien

skurðhnífur

le scalpel

aðgerð

l'opération

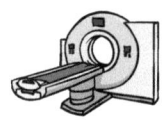

sneiðmyndataka

le CT

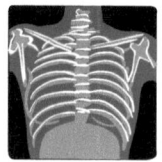

röntgengeisli

la radiographie

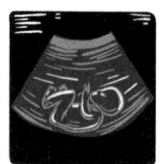

ómskoðun

l'échographie

andlitsgríma

le masque

sjúkdómur

la maladie

biðstofa

la salle d'attente

hækja

la béquille

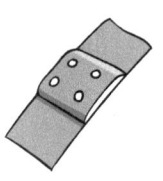

gifs

le pansement

sáraumbúðir

le pansement

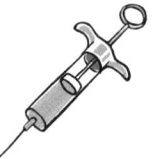

sprauta

l'injection

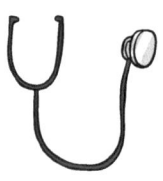

hlustunarpípa

le stéthoscope

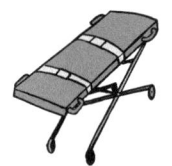

börur

le brancard

líkamshitamælir

le thermomètre

fæðing

l'accouchement

yfirvigt

la surcharge pondérale

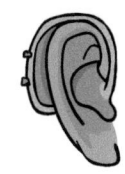

heyrnartæki

l'appareil auditif

sótthreinsiefni

le désinfectant

sýking

l'infection

veira

le virus

HIV / AIDS

le VIH / le sida

lyf

le médicament

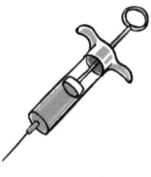

bólusetning

la vaccination

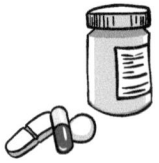

töflur

les comprimés

pilla

la pilule

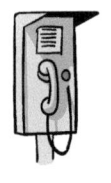

neyðarsímtal

l'appel d'urgence

blóðþrýstingsmælir

le tensiomètre

lasinn / heilbrigður

malade / sain

Hjálp!

Au secours !

viðvörun

l'alarme

líkamsárás

l'assaut

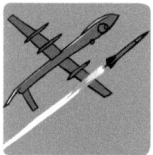

árás

l'attaque

hætta

le danger

neyðarútgangur

la sortie de secours

Eldur!

Au feu!

slökkvitæki

l'extincteur

slys

l'accident

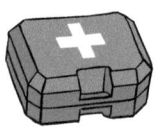

skyndihjálparbúnaður

la trousse de premier
secours

SOS

SOS

lögregla

la police

Evrópa

l'Europe

Norður-Ameríka

l'Amérique du Nord

Suður-Ameríka

l'Amérique du Sud

Afríka

l'Afrique

Asía

l'Asie

Ástralía

l'Australie

Atlantshaf

l'Océan atlantique

Kyrrahaf

l'Océan pacifique

Indlandshaf

l'Océan indien

Suður-Íshaf

l'Océan antarctique

Norður-Íshaf

l'Océan arctique

Norðurpóll

le Pôle nord

Suðurpóll

le Pôle sud

Suðurskautslandið

l'Antarctique

Jörð

la terre

land

le pays

sjór

la mer

eyja

l'île

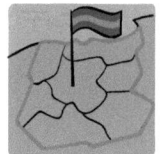

þjóð

la nation

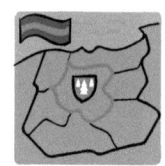

ríki

l'état

klukkuskífa

le cadran

litli vísir

l'aiguille des heures

stóri vísir

l'aiguille des minutes

sekúnduvísir

iguille des secondes

Hvað er klukkan?

Quelle heure est-il ?

dagur

le jour

tími

le temps

nú

maintenant

tölvuúr

la montre digitale

mínúta

la minute

klukkustund

l'heure

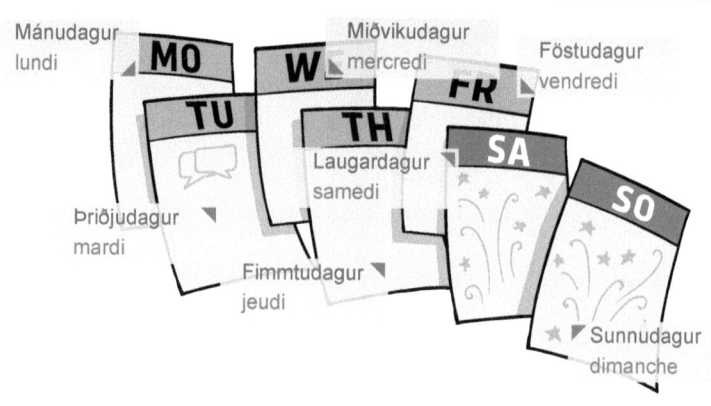

Mánudagur
lundi

Miðvikudagur
mercredi

Föstudagur
vendredi

Laugardagur
samedi

Þriðjudagur
mardi

Fimmtudagur
jeudi

Sunnudagur
dimanche

í gær

hier

í dag

aujourd'hui

á morgun

demain

morgunn

le matin

hádegi

le midi

kvöld

le soir

virkir dagar

les jours ouvrables

helgi

le week-end

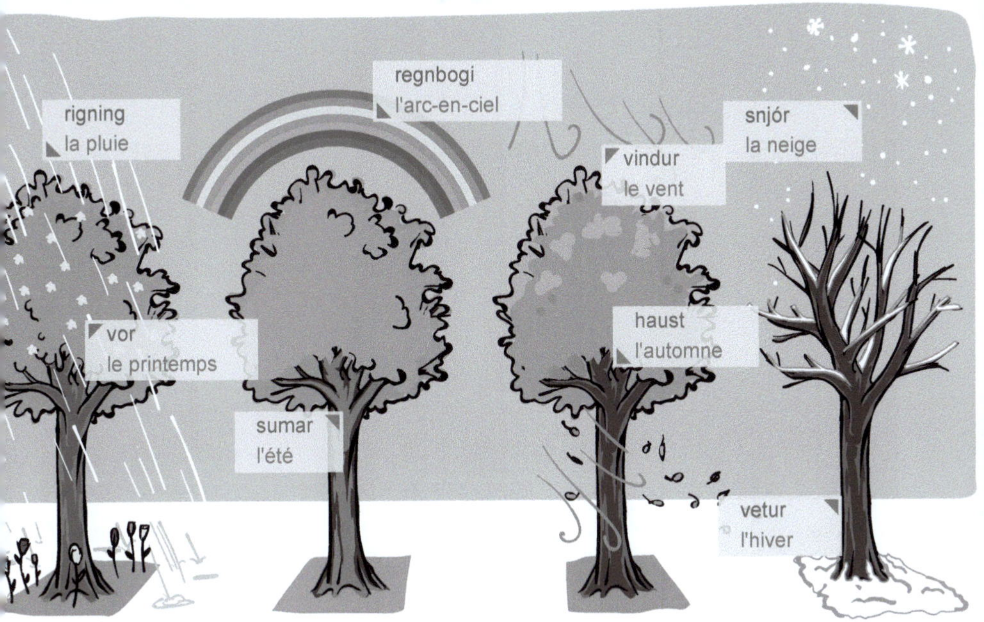

rigning
la pluie
regnbogi
l'arc-en-ciel
snjór
la neige
vindur
le vent
vor
le printemps
haust
l'automne
sumar
l'été
vetur
l'hiver

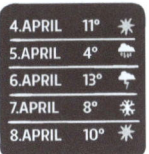

4.APRIL 11°
5.APRIL 4°
6.APRIL 13°
7.APRIL 8°
8.APRIL 10°

veðurspá

la météo

F C
120 40
90 30
60 20
30 10
0 0
-30 -10
-20

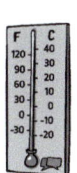

hitamælir

le thermomètre

sólskin

la lumière du soleil

ský

le nuage

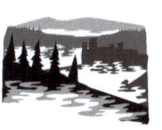

þoka

le brouillard

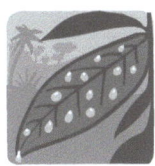

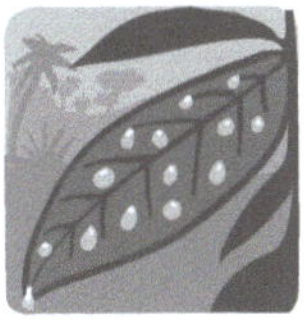

raki

l'humidité

eldingar

la foudre

þrumuveður

la tonnerre

stormur

la tempête

haglél

la grêle

monsún

la mousson

flóð

l'inondation

ís

la glace

Janúar

janvier

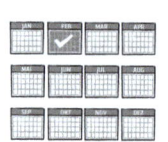

Febrúar

février

Mars

mars

Apríl

avril

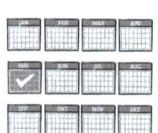

Maí

mai

Júní

juin

Júlí

juillet

Ágúst

août

ár - l'année

September
....
septembre

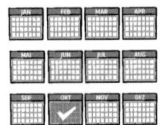

Október
....
octobre

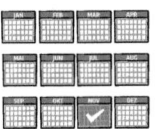

Nóvember
....
novembre

Desember
....
décembre

form

les formes

hringur
....
le cercle

ferningur
....
le carré

rétthyrningur
....
le rectangle

þríhyrningur
....
le triangle

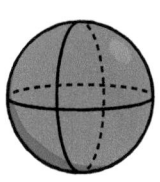

kúla
....
la sphère

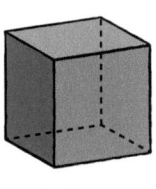

teningur
....
le cube

hvítur

blanc

gulur

jaune

appelsínugulur

orange

bleikur

rose

rauður

rouge

fjólublár

violet

blár

bleu

grænn

vert

brúnn

marron

grár

gris

svartur

noir

mikið / lítið

beaucoup / peu

reiður / rólegur

fâché / calme

fallegur / ljótur

joli / laid

upphaf / endir

le début / la fin

stór / lítill

grand / petit

bjartur / dimmur

clair / obscure

bróðir / systir

frère / soeur

hreinn / óhreinn

propre / sale

heill / ófullnægjandi

complet / incomplet

dagur / nótt

le jour / la nuit

dauður / lifandi

mort / vivant

breiður / mjór

large / étroit

ætur / óætur

comestible / incomestible

vondur / góður

méchant / gentil

spenntur / leiður

excité / ennuyé

feitur / mjór

gros / mince

fyrstur / síðastur

le premier / le dernier

vinur / óvinur

l'ami / l'ennemi

fullur / tómur

plein / vide

harður / mjúkur

dur / souple

þungur / léttur

lourd / léger

svangur / þyrstur

faim / soif

lasinn / heilbrigður

malade / sain

ólöglegur / löglegur

illégal / légal

greindur / heimskur

intelligent / stupide

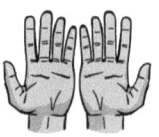

vinstri / hægri

gauche / droite

nálægur / fjarlægur

proche / loin

andstæður - les oppositions

nýr / notaður

nouveau / usé

ekkert / eitthvað

rien / quelque chose

gamall / ungur

vieux / jeune

kveikt / slökkt

marche / arrêt

opna / loka

ouvert / fermé

Lágvær / hávær

faible / fort

ríkur / fátækur

riche / pauvre

rétt / rangt

correct / incorrect

grófur / sléttur

rugueux / lisse

bitinn / hamingjusamur

triste / heureux

stutt / lengi

court / long

hægt / hratt

lent / rapide

blautur / þurr

mouillé / sec

heitur / kaldur

chaud / froid

stríð / friður

la guerre / la paix

0

núll

zéro

1

einn

un / une

2

tveir

deux

3

þrír

trois

4

fjórir

quatre

5

fimm

cinq

6

sex

six

7

sjö

sept

8

átta

huit

9

níu

neuf

10

tíu

dix

11

ellefu

onze

12

tólf

douze

13

þrettán

treize

14

fjórtán

quatorze

15

fimmtán

quinze

16

sextán

seize

17

sautján

dix-sept

18

átján

dix-huit

19

nítján

dix-neuf

20

tuttugu

vingt

100

hundrað

cent

1.000

þúsund

mille

1.000.000

milljón

le million

Enska

l'anglais

Amerísk enska

l'anglais américain

Mandarin-kínverska

le chinois mandarin

Hindí

le hindi

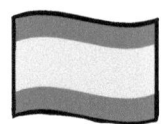

Spænska

l'espagnol

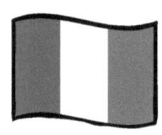

Franska

le français

Arabíska

l'arabe

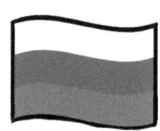

Rússneska

le russe

Portúgalska

le portugais

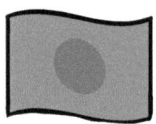

Bengali

le bengali

Þýska

l'allemand

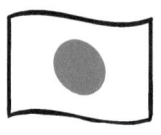

Japanska

le japonais

ég

je

þú

tu

♂ ♀ ○

hann / hún / það

il / elle / ce, c', cela

við

nous

þú

vous

þeir

ils / elles

hver?

Qui ?

hvað?

Quoi ?

hvernig?

Comment ?

hvar?

Où ?

hvenær?

Quand ?

HELLO, I AM

nafn

le nom

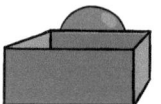

bakvið
....
derrière

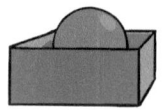

í
....
dans

fyrir framan
....
devant

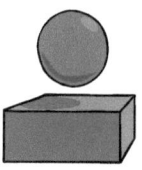

yfir
....
au-dessus

á
....
sur

undir
....
en-dessous

við hliðina
....
à côté de

milli
....
entre

sæti
....
le lieu